AF533842

Saeideh Keshavarz
Khaula Ayaz
Tara Helene Röder
Anna Wachter

Ecke, Abseits und die Atemnot

Asthma kindgerecht erklärt

Psychologische Kinderbücher

Inhaltsverzeichnis

Es steht drei zu drei im ersten Fußballspiel der Sommerferien. Kasim schießt Fine den Ball zu. Ein Traumpass! Obwohl Fine gerade einen anstrengenden Sprint hinter sich hat, nimmt sie den Ball geschickt an und rennt in Richtung Tor. „Schneller, Fine!", ruft Sina begeistert. Gekonnt weicht Fine einem Gegenspieler aus. Heute hält sie niemand auf! Sie kann schon fast sehen, wie sie gleich mit Kasim und Sina jubelt.

Plötzlich fühlt sich ihre Brust ganz eng an, und Fine bekommt kaum mehr Luft. Nun steht nur noch ein gegnerischer Spieler vor ihr. „Mist", denkt Fine, „ich habe mein Asthma-Spray vor dem Spiel nicht benutzt." Sie dribbelt weiter, so schnell sie kann. „Für meine Atem-Übungen hab ich jetzt keine Zeit. Ich muss ein Tor schießen!", denkt sie. Mit einem Mal kann sie kaum noch atmen. Sie krümmt sich und schnappt nach Luft. „Gleich ist es bestimmt wieder vorbei", versucht sie sich zu beruhigen. Doch diesmal ist es anders. Das Ausatmen fällt ihr besonders schwer. Fine wird schwindelig, und ihr Herz schlägt wie verrückt.

Kasim und Sina rennen zu ihr und fragen sie aufgeregt, was los ist. Fine keucht so schwer, dass sie kein Wort herausbringt. „Was, wenn ich jetzt ersticke?", denkt sie. Eine große Angst ballt sich in ihrem Bauch wie ein schweres Wollknäuel.

„Ich hole deinen Papa", ruft Kasim ängstlich. Da kommt schon Fines Papa mit dem Spray: „Eins, zwei, einatmen und Luft anhalten und langsam ausatmen, Josefine", sagt er. Fine atmet tief ein. „Und noch mal, eins, zwei, einatmen." Langsam bekommt sie wieder Luft. Aber das Tor hat Fine nicht geschossen. Sie hat gar keine Kraft mehr. Papa hebt Fine hoch und trägt sie nach Hause.

Fine hat eine Weile geschlafen, ist aber immer noch erschöpft. Sie öffnet langsam die Augen. Eigentlich ist alles wie immer, die Streifenbettwäsche, ihre Kuscheltiere, der Fußball in der Zimmerecke. Aber Fine fühlt sich anders. Durch das Fenster kann sie die leere Fußballwiese sehen, die Sonne geht schon unter. „Was ist bloß mit mir passiert?", fragt sie sich. „So schlimm war es noch nie!"

„Du hattest wieder einen Asthma-Anfall", sagt Papa, der auf dem Bettrand sitzt. „Das hab ich auch gemerkt", grummelt Fine. „Ich hasse das blöde, doofe, stinkende Asthma!" Sie spürt, dass Tränen in ihre Augen steigen.

„Du hast nur vergessen, dein Spray vor dem Spiel zu benutzen", versucht Papa sie zu beruhigen. „Das passiert dir sicher nicht noch mal. Das wird schon!"

„Gar nichts wird schon!", mault Fine. Papa hat keine Ahnung, wovon er spricht. Er hat ja kein Asthma. Dass sie das andere Spray morgens und abends schon länger nicht mehr benutzt, erzählt sie ihm lieber nicht ...

Fine zieht die Decke bis zur Nase. Sie spürt das Knäuel aus Angst in ihrem Bauch. „Hast du Hunger? Ich könnte dir Pfannkuchen machen", sagt Papa. Aber Fine schüttelt nur den Kopf. Sie hat keinen Appetit. Ihr Bauch ist voll von Angst, da ist kein Platz für Pfannkuchen. In dieser Nacht kann Fine kaum schlafen.

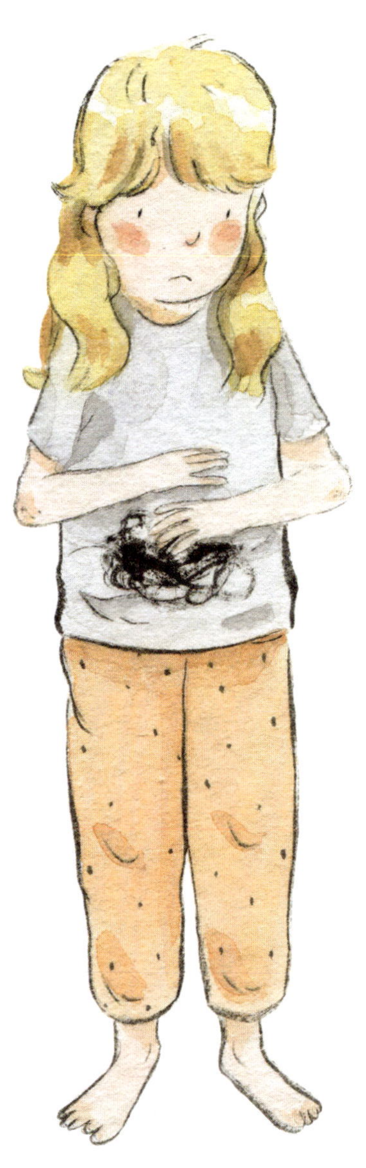

Am nächsten Tag kommen Sina und Kasim vorbei. “Los, hol dein Fahrrad! Wir wollen Spaghetti-Eis essen“, sagt Kasim aufgeregt. „Ich hab von Oma Geld bekommen!“, ruft Sina. „Es reicht sogar für Streusel!“ Spaghetti-Eis mag Fine am liebsten.

Und die Eisdiele ist gar nicht weit weg. Doch plötzlich spürt sie das Angst-Gefühl in ihrem Bauch wieder. „Was, wenn in der Eisdiele etwas passiert? Dann kann Papa mir nicht helfen“, denkt sie besorgt. „Ich mag heute nicht“, sagt sie leise.

„Hä, warum denn nicht?“, fragt Kasim. „Ich will einfach nicht“, murmelt Fine und schaut weg. „Na gut, dann halt nicht“, sagt Sina und schwingt sich auf ihr Fahrrad. Fine steht noch in der Tür, als die beiden schon lange nicht mehr zu sehen sind. Obwohl die Sonne scheint, ist ihr auf einmal ganz kalt. „Ich kann ja auch irgendwann sonst Eis essen gehen“, denkt Fine. Es ist erst die zweite Ferienwoche, und der Sommer noch ganz lang.

9

Ein paar Tage später klingelt es wieder an Fines Haustür.„Hey Fine, alles gut bei dir?", fragt Sina. „Ja, schon", antwortet Fine. „Kasim darf heute sein Hundebaby mit auf die Wiese bringen. Er ist so süß, und gestern hat er Kasim angepieselt!" Sina kichert, und Fine muss auch lachen. „Kommst du mit?", fragt Sina. „Ja, also vielleicht, aber ..." Fine zögert. „Nee, ich hab nicht so Lust."

„Was ist denn mit dir los?" Sina zieht eine Augenbraue hoch. „Nie magst du mit!" Fine möchte gerne mit zur Wiese.

„Aber was ist, wenn ich wieder keine Luft bekomme?", denkt sie. Das Wollknäuel in ihrem Bauch ist wieder da. Diesmal kriechen die Fäden hoch und schnüren sich eng um ihren Brustkorb und ihren Hals.

„Ich will lieber zu Hause bleiben“, antwortet Fine ganz leise. „Warum kommst denn du nie mehr mit uns mit?“, fragt Sina.

„Ich möchte einfach nicht.“ Fine flüstert nun fast. Sina zuckt die Schultern. „Pff, dann eben nicht“, sagt sie, dreht sich um und stapft die Stufen runter.

Sie knallt das Gartentor hinter sich zu. Fine zuckt bei dem Geräusch zusammen.„Na ja“, denkt sie, „der Hund läuft ja nicht weg, solange Kasim auf ihn aufpasst! Ich schaue mir den Hund halt nächstes Mal an. “Schließlich ist es erst die dritte Ferienwoche, und der Sommer ist noch lang.

Heute weiß Fine nichts mit sich anzufangen. Es ist so heiß, dass ihr beim Frühstück beinahe eine Schweißperle in den Kakao gelaufen wäre. Ihre Gedanken schmelzen wie Eis in der Sonne. Sie sieht durch das Fenster, wie Kasim auf ihr Haus zukommt. Fines Herz macht einen Sprung, mit Kasim zusammen kann man sich gar nicht langweilen! Sie ist schon bei der Tür, bevor er überhaupt geklingelt hat. Doch plötzlich ist das üble Gefühl in ihrem Bauch wieder da. Sie zuckt zusammen, als sie die Klingel hört.

Nach kurzem Zögern öffnet sie die Tür. Kasim ist platschnass und strahlt über das ganze Gesicht. „Der Pool bei Sina zu Hause ist fertig!" Er ist ganz außer Atem vor Aufregung. „Komm mit ins Wasser, es ist so cool!

"Fine atmet tief ein. „Vielleicht kriege ich heute wieder einen Asthma-Anfall", denkt sie. „Eigentlich kann ich ihn schon fast spüren.

"Das Knäuel füllt jetzt ihren ganzen Bauch. Es ist so schwer, dass sie bestimmt im Wasser untergehen würde. Erwartungsvoll schaut Kasim Fine an. Er hüpft auf der Stelle und tropft dabei auf die Fußmatte. „Komm schon", sagt er. „Du hast doch keine Angst vor kaltem Wasser!"

Fine sagt leise: „Es geht nicht ... Ich muss Schulaufgaben machen."

Im gleichen Moment fällt ihr auf, was das für eine blöde Antwort ist. Kasim schaut sie mit einem Mal böse an. „Hallo? Es sind Ferien! Für wie doof hältst du mich? Du könntest dir wenigstens eine bessere Ausrede ausdenken!" „Ich ...", stammelt Fine. Die Fäden des Knäuels ziehen sich immer enger um ihre Kehle. Sie stottert: „Ich ... äh ... muss meinem Papa ... ähm ... beim Rasenmähen helfen." „Du Lügnerin!", ruft Kasim. „Du hast einfach keine Lust auf uns! Sina hat es ja gesagt, aber ich habs nicht geglaubt. Dann bleib halt hier! Mit einer langweiligen Lügnerin will eh keiner spielen." Kasim dreht sich um und geht. Er hinterlässt eine Spur aus nassen Tapsen. Fine möchte ihm etwas hinterherrufen, sie hat es doch nicht so gemeint! Aber die Angst macht sie ganz stumm.

Abends sucht Fine ihr Spray. Sie inhaliert vor dem Spiegel. Das mach ich jetzt wieder regelmäßig, nimmt sie sich fest vor. Gleich morgen früh und dann immer morgens und abends.

Einige Tage später sitzt Fine am Fenster und schaut nach draußen. Auf der Wiese findet wieder ein Fußballmatch statt. Kasim und Sina spielen gegen drei andere Kinder. Alle rennen und rufen durcheinander. Fine spürt, wie ihre Füße unruhig gegen den Stuhl treten. Es kribbelt richtig. So gern würde sie mit auf dem Feld stehen!

Aber das dunkle Gefühl fesselt sie an den Stuhl und nimmt ihr den Atem. „Besser gar kein Fußball spielen, als noch einmal keine Luft kriegen, oder nicht? Wobei: Ich hab ja jetzt regelmäßig morgens und abends inhaliert, wie mit Papa besprochen. Und jetzt könnte ich noch mein anderes Spray benutzen", überlegt sie.

Sina und Kasim sind in der Unterzahl. Es steht schon drei zu null. Heute haben sie Fine nicht mal mehr gefragt, ob sie mitspielen will. „Die beiden helfen mir sicher, wenn ich einen Asthma-Anfall bekomme“, denkt sie. Aber das Angstknäuel hat Fines ganzen Körper fest mit seinen schwarzen Fäden umschlungen.

Es sind nur noch knapp zwei Wochen Ferien übrig. Plötzlich merkt sie, welche Angst viel schlimmer ist als die vor dem Asthma: die Angst, nicht mehr die Freundin von Sina und Kasim zu sein.

Kasim spielt einen Pass direkt vor das gegnerische Tor, aber keiner ist da. Denn das ist eigentlich Fines Position. Durch die Fensterscheibe kitzelt die Sonne Fine verlockend an der Nase. Da springt Fine mit einem Mal auf. Kasim und Sina brauchen sie jetzt. Sie wird die beiden nicht im Stich lassen! Energisch packt sie das Asthma-Spray: „Eins, zwei, einatmen!“ Die andere Mannschaft soll mal nicht so siegessicher sein!

Sie nimmt immer zwei Stufen auf einmal, rennt durch den Garten und ist in null Komma nichts unten bei den anderen. Sie spürt ihren Atem, der sich schon wieder bedrohlich beschleunigt hat. Sie benutzt noch einmal ihr Spray und knurrt das Angstgefühl an: „Hau ab, ich muss jetzt Tore schießen!" Als sie auf die Wiese kommt, schauen Kasim und Sina überrascht. Kasim fragt spöttisch: „Ach jetzt willst du wieder mitspielen?" Aber Fine sieht, dass er ein Lächeln unterdrückt.

„Ich erkläre es euch später. Jetzt lasst uns spielen, okay?" Und das tun sie. Fine spürt den Wind in den Haaren, ihre Füße kribbeln vor Freude, als sie den Ball bekommt.

Es läuft richtig gut. Die drei sind ein so eingespieltes Team, als wäre Fine nie weg gewesen. Zur Halbzeit setzt sich Fine auf die Wiese und inhaliert noch mal. Kasim schaut das Spray an und grinst. „Das sieht ja cool aus, aber schmeckt das nicht ekelig?" „Nö", sagt Fine. „Glaub ja nicht, dass wir ohne dich verloren hätten", sagt Sina. „Trotzdem schön, dass du wieder da bist."

Das Angstgefühl ist zu einem ganz kleinen Fussel geworden. Ein warmes, leuchtendes Gefühl macht sich in Fine breit: Sie ist stolz auf sich und glücklich, dass Sina, Kasim und sie wieder ein Team sind. Es ist ein Gefühl, wie ganz schnell mit dem Fahrrad den Berg runterzufahren und das weichste Hundefell und die wärmste Sommersonne zu spvüren. Diese Ferien sind noch lange nicht vorbei!

Mach mit!

Informationen und Übungen für dich

Hinweise zu den Mach-mit-Seiten

Sie können die Mach-mit-Seiten für diesen Titel kostenfrei über unsere Internetseite nach erfolgter Registrierung online abrufen.

Nutzen Sie dazu bitte den angegebenen Link und melden Sie sich nach den dort beschriebenen Schritten an.

Sie können auf die Materialien über **Mein Konto** zugreifen, indem Sie unter **Meine Zusatzmaterialien** den Code eingeben. Sie werden dann automatisch in den Download-bereich weitergeleitet.

Link: hgf.io/download

Code: B-NFGZCY

Wir empfehlen Ihnen, sich die Materialien auf Ihrem Rechner zu speichern, um sie jederzeit dauerhaft nutzen zu können.

Was ist eigentlich Asthma?

Das Wort Asthma kommt von dem griechischen Wort für Atemnot oder Beklemmung. Bestimmt weißt du, wie sich eine Atemnot anfühlt. Es ist dann schwer, Luft zu kriegen. Besonders ausatmen ist oft schwierig. Atemnot ist ein Anzeichen für Asthma. Andere Anzeichen sind Husten oder ein pfeifendes oder quietschendes Geräusch beim Ausatmen. Oft fühlt sich auch die Brust ganz eng an. Wenn du Asthma hast, sind deine Bronchien erkrankt.

Die Bronchien sind die kleinen Rohre in deiner Lunge, durch die die Luft rein- und wieder rausfließt. Bei Asthma werden die Bronchien manchmal enger. Dann ist es schwer, die Luft aus der Lunge auszuatmen. Die Brust fühlt sich dadurch eng an. Man hat das Gefühl, dass man nicht genug Luft einatmen kann.

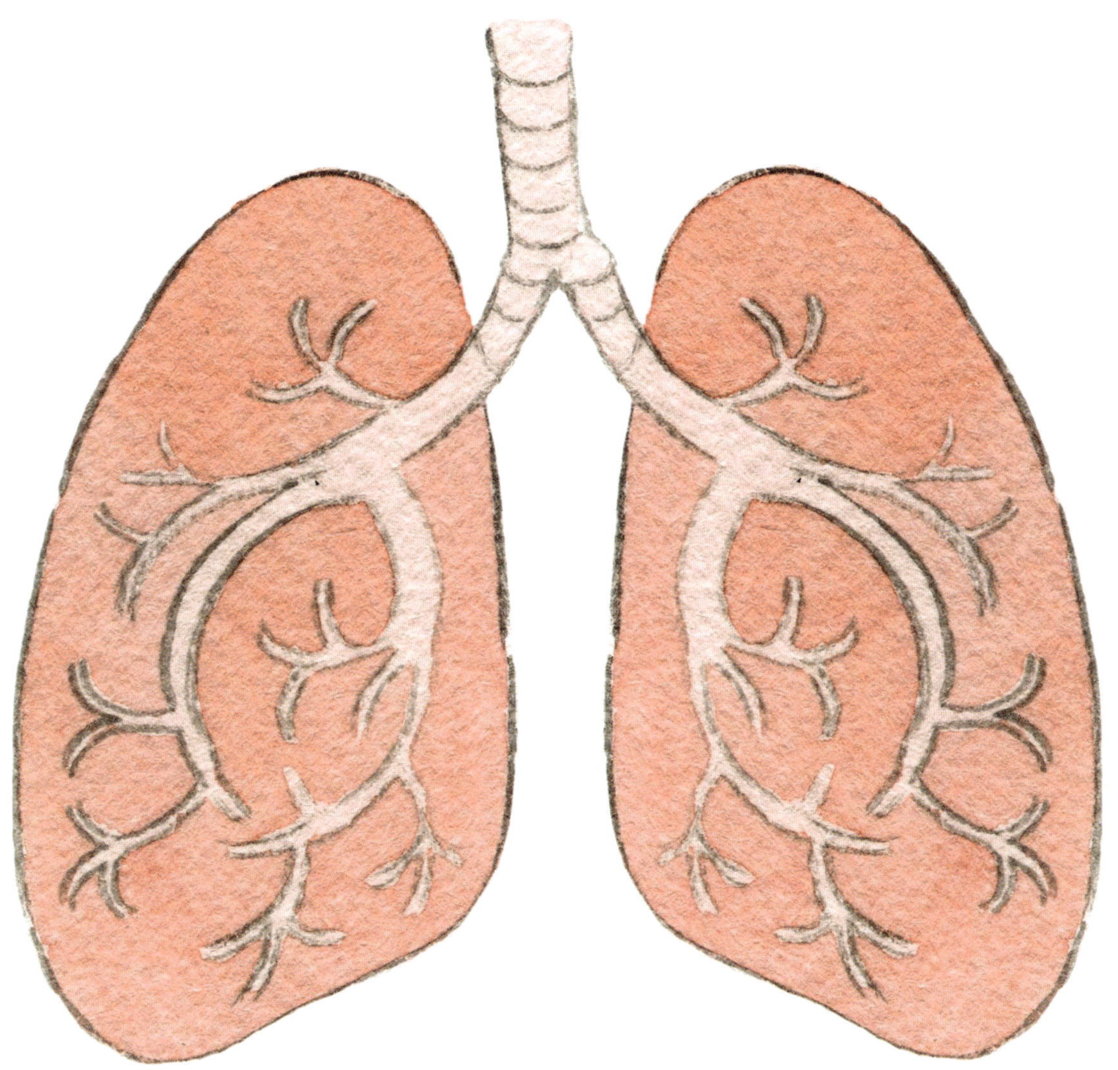

Was heißt chronisch?

Asthma ist eine chronische Krankheit. Das heißt, dass sie nicht in einer Woche wieder weg ist wie ein Schnupfen. Asthma ist aber eine Krankheit, die man gut behandeln kann. Dafür ist es wichtig, dass du viel über die Krankheit, über hilfreiche Medikamente und über deinen eigenen Körper weißt.

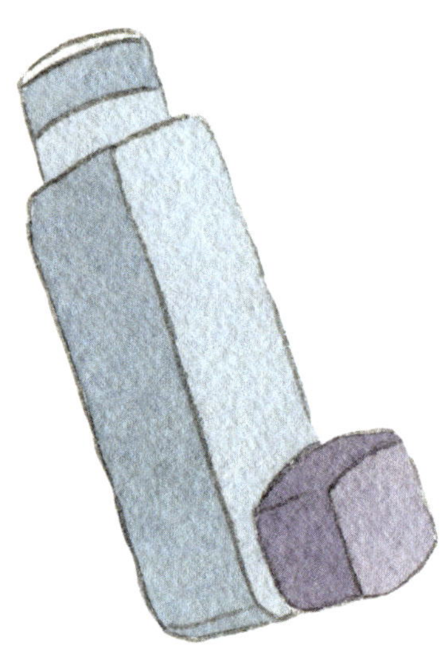

Was löst bei dir Asthma-Anfälle aus?

Ein Asthma-Anfall kann durch ganz verschiedene Dinge ausgelöst werden. Viele Kinder bekommen einen Asthma-Anfall, wenn sie im Winter eine Erkältung haben. Vielleicht fällt es dir schwer zu atmen, wenn du eine Katze streichelst. Es kann auch sein, dass du im Frühling oder im Sommer mehr Atemprobleme hast, wenn die Pollen fliegen.

Bei manchen Kindern wird das Asthma auch bei Nebel stärker oder wenn sie aus einem warmen Zimmer in die kalte Winterluft gehen.

Vielleicht bekommst du eher einen Anfall, wenn du dich sehr anstrengst, so wie Fine beim Fußballspiel. Oder wenn du traurig oder genervt bist.

Du kannst mit deinen Eltern oder deinem Arzt oder deiner Ärztin überlegen, in welchen Situationen dir das Atmen besonders schwerfällt. Der Arzt oder die Ärztin kann auch testen, ob du Allergien hast. So könnt ihr herausfinden, was die Auslöser für dein Asthma sind.

Um dein Asthma noch besser zu verstehen, sollten du und deine Eltern zweimal am Tag messen, wie schnell du ausatmen kannst. Das misst man mit dem Peak-Flow-Meter. Die Ergebnisse tragt ihr in dein Asthma-Tagebuch ein. In dem steht außerdem, welche Medikamente du nehmen musstest und welche Asthma-Beschwerden du hattest. Dieses Tagebuch hilft dir, deinen Eltern und deinem Arzt oder deiner Ärztin, das Asthma besser zu verstehen.

Einige Kinder mit Asthma brauchen Medikamente. Manche dieser Medikamente werden inhaliert, manche werden geschluckt. Dein Arzt oder deine Ärztin zeigt dir, wie das mit dem Inhalieren geht. Es ist sehr wichtig, dass du diese Medikamente richtig inhalierst und regelmäßig einnimmst. Sonst können sie nicht so helfen, wie sie sollen. Mit deinen Eltern kannst du überlegen, wie ihr euch daran erinnert, dass du die Medikamente regelmäßig nimmst.

Ein Zettel am Badezimmerspiegel hilft zum Beispiel. Wenn du einen Asthma-Anfall bekommst oder wenn Sport ein Auslöser für dein Asthma ist, brauchst du außerdem ein Notfallspray.

Damit inhalierst du, wenn du einen Asthma-Anfall hast oder bevor du Sport machst. Danach kannst du richtig durchstarten. Am Anfang bist du vielleicht noch verwirrt, wann du welches Medikament nehmen musst. Deshalb ist es wichtig, ganz viel zu fragen. Wenn du irgendwas nicht verstehst, können die Ärztin oder der Arzt oder deine Eltern es dir erklären.

Es gibt auch spezielle Asthma-Schulungen, bei denen du mit anderen Kindern alles über dein Asthma lernst und außerdem viel Sport machen darfst. Frag einfach deinen Arzt oder deine Ärztin, wann der nächste Kurs in deiner Nähe stattfindet.

Ständig vergesse ich mein Spray zu Hause!

Wenn du einen Asthma-Anfall bekommst, ist dein Spray als Notfall-Medikament sehr wichtig. Deshalb solltest du es immer dabeihaben. Das ist natürlich manchmal nervig. Es passiert schnell mal, dass man das Spray zu Hause vergisst. Aber das Spray hilft dir, ein ganz normales Leben zu führen.

Du kannst dir zusammen mit deinen Eltern überlegen, was dir hilft, das Spray und die anderen Medikamente immer dabeizuhaben. Vielleicht kannst du deine Eltern darum bitten, dass sie dich immer an das Spray erinnern, bevor du zur Schule gehst. Du kannst zum Beispiel vereinbaren, dass deine Eltern dich immer an das Spray erinnern, wenn du die Schuhe anziehst. Mit der Zeit denkst du dann ganz allein daran, wenn du deine Schuhe anziehst. Ihr könnt einen Zettel an die Haustür kleben, auf dem steht: „Hab ich das Spray dabei?"

Wenn Sport ein Auslöser für dein Asthma ist, hilft es auch, einfach immer ein Spray in deiner Sporttasche zu haben.

Wichtig ist, dass das Spray und die anderen Medikamente, die du regelmäßig nehmen musst, ein Teil des Alltags werden. So wie essen oder Zähne putzen.

Bin ich alleine mit dieser Krankheit?

Es gibt viele Kinder, die wie du oder Fine Asthma haben. Ungefähr zehn Prozent der Kinder in Deutschland, Österreich und der Schweiz. Du kannst dir das so vorstellen: In einer Klasse mit zwanzig Kindern haben wahrscheinlich zwei Asthma. Manchmal sind es mehr und manchmal weniger. Die meisten bemerken das Asthma das erste Mal vor ihrem fünften Geburtstag. Es kann aber auch erst später anfangen.

Wieso habe gerade ich Asthma?

Die Wissenschaftlerinnen und Wissenschaftler, die Asthma erforschen, wissen noch nicht genau, warum manche Kinder Asthma kriegen und andere nicht. Aber ganz sicher ist: Es ist nicht deine Schuld, dass du Asthma hast.

Kann ich noch Sport machen?

Ja, na klar! Das ist sogar gut für dich. Hier siehst du vier Kinder mit Asthma.

Durchquere das Labyrinth, um herauszufinden, welches Kind welches Hobby hat.

Ich habe Angst

Alle Menschen haben manchmal Angst, Kinder und Erwachsene. Bestimmt fällt dir etwas ein, wovor du Angst hast oder was dir Sorgen macht. Das ist ganz normal! Du kannst auch deine Eltern fragen: Sie haben bestimmt auch vor etwas Angst.

Bei Kindern mit Asthma hat die Angst manchmal mit dem Asthma zu tun. Fine hat zum Beispiel Angst, keine Luft zu bekommen, wenn sie Sport macht oder rausgeht. Deshalb bleibt sie in den Sommerferien fast nur zu Hause. Ein Asthma-Anfall kann ja auch sehr erschreckend sein. Es ist deshalb normal, dem Auslöser des Anfalls erst mal aus dem Weg zu gehen.

Die Angst vor einem Anfall kann aber auch zu stark werden. Dann hält sie dich von den Dingen ab, die dir Spaß machen. So wie Fine, die nicht mehr Eis essen geht, nicht in Sinas Pool springt und das Hundebaby von Kasim nicht streichelt. Und die Angst wird umso größer, je länger man sich nicht traut.

Auch bei Fine wird das erdrückende Gefühl immer größer. Manchmal ist es deshalb wichtig, die Dinge zu wagen, die dir Angst machen. Genau wie Fine, die eben doch wieder Fußball spielt.

Was hast du dich schon mal getraut, obwohl du Angst hattest? Und was würdest du dich gerne trauen? Nimm dir ruhig ein bisschen Zeit, um darüber nachzudenken. Du kannst das auch mit deinen Eltern besprechen. Oder mit einer anderen Person, mit der du gerne redest. Zusammen könnt ihr planen, was du dich trauen willst.

Vielleicht willst du zum Beispiel deine Freunde besuchen, Sport machen oder etwas ganz Neues ausprobieren. Es hilft, wenn ihr genau überlegt, was du dir für welchen Tag vornimmst. Und wenn du neue Dinge versuchst, wird deine Angst wahrscheinlich bald viel kleiner.

Was denken die anderen?

Vielleicht hast du Angst, dass andere dich auslachen, wenn du inhalierst. Da kann es helfen, wenn du ihnen erklärst, warum das Inhalieren wichtig ist. Du kannst auch deinen Lehrer oder deine Lehrerin darum bitten, den anderen das Asthma zu erklären.

Vielleicht beschweren sich auch deine Geschwister, wenn du nachts hustest und sie nicht schlafen können.

Oder vielleicht bist du sauer auf deine Eltern, weil sie dich ständig an die Medikamente erinnern. Asthma kann auf jeden Fall ein Grund für Streit und Genervtheit sein. Auch da hilft es, wenn ihr darüber redet.

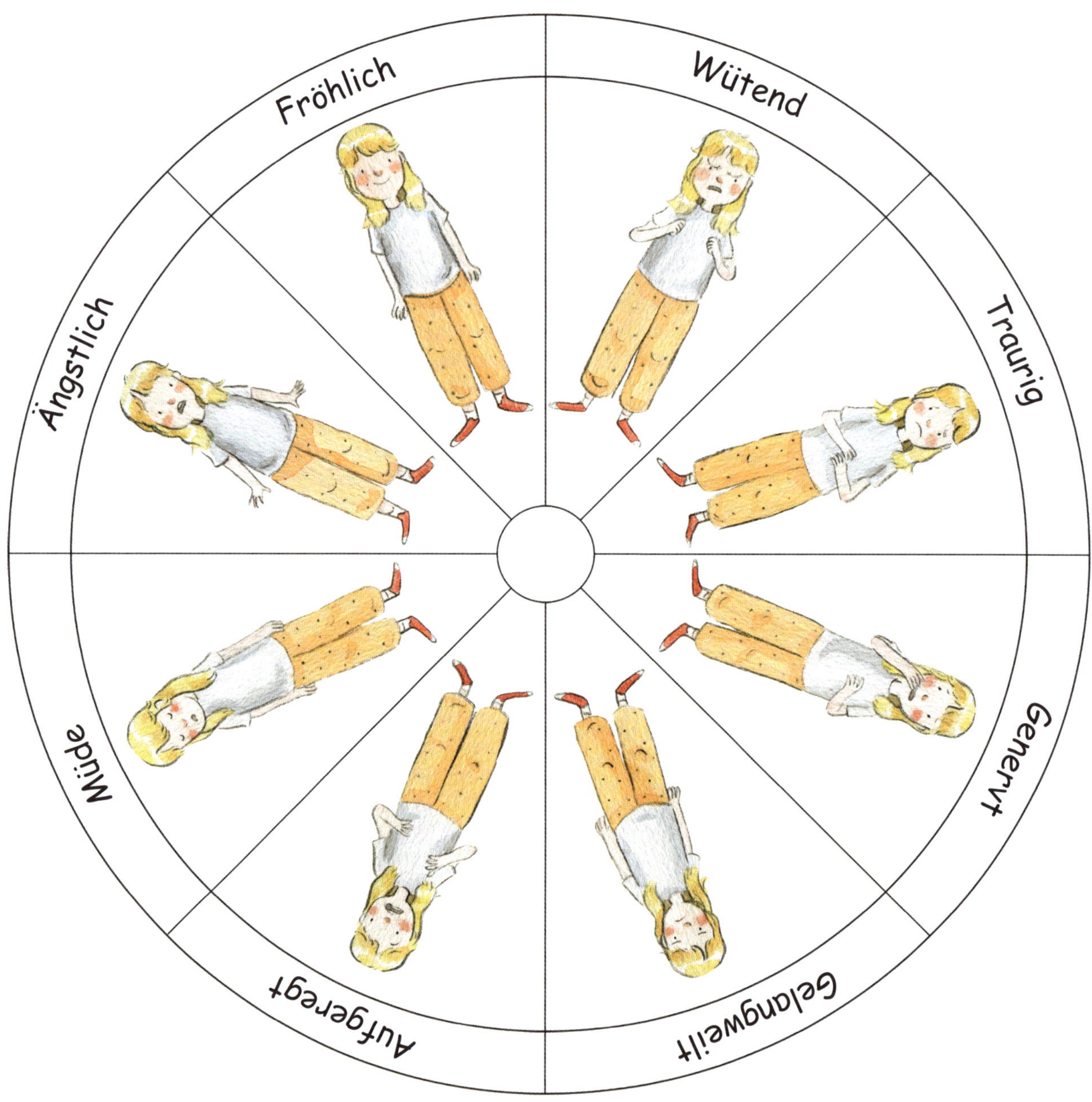

Über Gefühle reden ist gar nicht so einfach. Die Gefühlsuhr kann dir dabei helfen, die richtigen Worte zu finden. Welches Wort auf der Uhr beschreibt am besten, wie es dir geht? Bist du eher traurig oder wütend oder was ganz anderes, wenn es dir schlecht geht? Es ist gut, die Unterschiede zwischen diesen Gefühlen zu kennen. So kannst du dich selbst besser verstehen. Und andere verstehen dich auch besser. Über Gefühle reden braucht ein bisschen Übung.

Also keine Sorge, wenn das am Anfang noch schwierig ist. Und wenn du mal gar nicht reden willst, kannst du einfach eine Wäscheklammer an die Stelle der Gefühlsuhr klemmen, die gerade am besten passt.

Das brauchst du zum Basteln: eine Wäscheklammer, eine Schere, Schnur, Stifte. So geht es: Du kannst die Gefühlsuhr hier ausschneiden. Oder du machst eine Kopie davon und schneidest sie aus. Die acht Felder kannst du ausmalen, wenn du Lust hast. An der markierten Stelle stichst du ein Loch in die Uhr. Durch das Loch fädelst du die Schnur. An der Schnur kannst du deine Gefühlsuhr aufhängen, zum Beispiel an deiner Zimmertür. Die Wäscheklammer klemmst du an das Gefühl, das am besten beschreibt, wie es dir gerade geht.

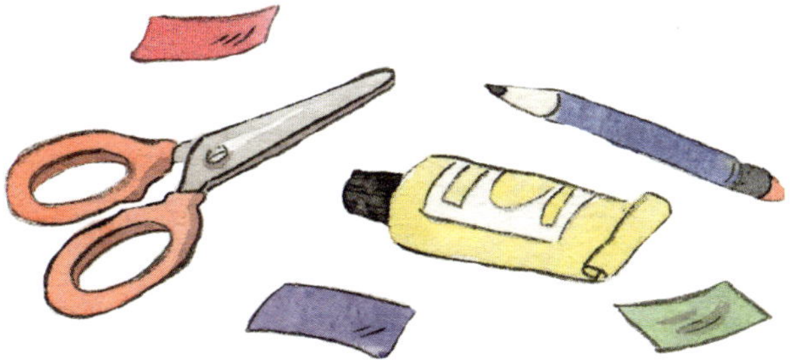

Strohhalmübung

Die Leute, die kein Asthma haben, wissen gar nicht, wie sich das anfühlt. Vielleicht kannst du deinen Klassenkamerad*innen, Freund*innen oder Geschwistern diese Übung vorschlagen. Damit können sie ein bisschen besser verstehen, wie es ist, Asthma zu haben. Dafür brauchen alle einen Strohhalm.

Der Strohhalm wird in den Mund genommen wie beim Trinken. Dann atmet ihr für 30 Sekunden nur durch den Strohhalm (nicht durch die Nase). Wer will, kann dabei auch Kniebeugen machen.

So spüren die anderen, wie es sich anfühlt, wenig Luft zu bekommen. Hört aber auf jeden Fall auf, wenn euch schwindelig wird.

Eine Pizza zum Entspannen

Bestimmt bist du manchmal traurig, wütend oder genervt. Vielleicht wegen des Asthmas, vielleicht wegen etwas ganz anderem. Die Massage kann dir dabei helfen, dich mal richtig zu entspannen.

Du kannst die Massage gut mit deinen Eltern durchführen. Du legst dich auf den Bauch. Papa oder Mama oder jemand anderes kniet sich neben dich, sodass er oder sie gut an deinen Rücken rankommt.

Dann massiert die Person dich. Dabei hilft ihr diese Anleitung.

Hinweis: Wirbelsäule von der Massage immer aussparen, knapp links oder rechts von der Wirbelsäule massieren.

Anleitung für die Masseure:

Heute gibt es Pizza. Das gab es bei uns schon lange nicht mehr. Stell dir vor, dass du eine Pizza bist und ich ein Pizzabäcker.

Zuerst muss ich meine Arbeitsfläche sauber machen.

Mit den Händen „Staub" vom Rücken des Kindes wischen.

Dann bestreue ich meine Arbeitsfläche mit etwas Mehl, damit der Teig nachher nicht anklebt.

Mit den Fingerspitzen leicht über den Rücken fahren.

Den Teig muss ich nun erst einmal kräftig rollen und kneten, damit er später auch schön luftig wird.

Das Kind sanft hin und her rollen und mit den Fingern über den Rücken kneten.

Nach dem Kneten muss ich den Teig ausrollen.

Mit den Händen streichende Bewegungen von innen nach außen machen.

So, und nun kann ich die Pizza mit den leckersten Sachen belegen, damit sie später auch gut schmeckt!

Zuerst nehme ich Tomatenscheiben

Mit den Fäusten leicht auf den Rücken drücken.

dann kommt die Salami …

Mit der flachen Hand auf den Rücken drücken.

dann nehme ich noch Paprikascheiben dazu …

Mit dem Finger kurze Striche auf den Rücken malen.

ein paar Pilze noch …

Mit dem Daumen leicht auf den Rücken drücken.

und noch ein paar Zwiebelringe drauf, dann ist sie auch schon fast fertig.

Mit dem Finger Kreise malen.

Zum Schluss darf der Käse natürlich nicht fehlen.

Mit den Fingerspitzen der gespreizten Finger wild auf den Rücken klopfen.

Meine Pizza ist nun fast fertig. Jetzt muss ich sie noch in den Ofen schieben. Dabei muss ich vorsichtig sein, damit keine Zutaten herunterfallen.

Kind an der Hüfte anfassen und eine Schiebebewegung machen.

Im Ofen wird meine Pizza nun fertig gebacken.

Hände schnell aneinander reiben, bis sie warm werden und dann auf den Rücken des Kindes legen oder die Hände zu einem Trichter formen und dadurch auf den Rücken des Kindes pusten – das wird schön warm.

Meine Pizza ist jetzt fertig und schön knusprig durchgebacken, sodass ich sie vorsichtig aus dem Ofen holen kann …

Kind an der Hüfte fassen und zurückziehe

Und jetzt essen!

Mit den Handflächen leicht über den Rücken streicheln.

Für alle, die mehr wissen wollen

Informationen für Eltern

Wenn ein Kind an Asthma erkrankt, beeinflusst das die ganze Familie. Eltern wollen einerseits das erkrankte Kind schützen und ihm andererseits Selbstständigkeit ermöglichen. Hier die Balance zu finden, ist nicht leicht. Besonders, weil das Bedürfnis des Kindes nach Autonomie mit der Zeit größer wird. Deshalb muss immer wieder ein neuer Umgang mit der Krankheit gefunden werden.

Und wie geht es mir?

Es löst Ängste aus, wenn ein Kind erkrankt. Vielleicht machen Sie sich Sorgen, wenn Ihr Kind in die Schule oder zum Sport geht. Vielleicht wären Sie am liebsten immer in seiner Nähe, um aufpassen zu können. Vielleicht haben Sie neue Regeln eingeführt, um für die Sicherheit Ihres Kindes zu sorgen. Für viele Eltern ist es schwer, auch ihre eigenen Bedürfnisse zu beachten.

Wenn Sie sehr belastet sind, können Sie sich überlegen: „Was würde mir helfen, mich wohler zu fühlen?" Vielleicht hilft es Ihnen, wenn die Lehrer*innen Ihres Kindes über das Asthma Bescheid wissen und Notfallmedikamente in der Schule hinterlegt werden. Sie können auch Sporttrainer*innen, die Eltern von Freund*innen Ihres Kindes oder andere erwachsene Personen, die Ihr Kind beaufsichtigen, darüber aufklären, was im Notfall zu tun ist. Vielleicht hilft es Ihnen auch, sich mit anderen Eltern auszutauschen, die in einer ähnlichen Situation sind. Bestimmt haben Sie noch viele andere Ideen, die Ihnen helfen, mit dieser Krankheit umzugehen.

Angst und Mut

Eine Asthma-Erkrankung kann sehr furchteinflößend sein. Vielleicht beginnt Ihr Kind, sich zurückzuziehen, will Freund*innen nicht mehr treffen und hat keine Lust auf seine bisherigen Hobbys. Es kann sein, dass es Angst vor Ausgrenzung hat oder vor einem Asthma-Anfall oder etwas ganz anderem. Wenn Sie Ihrem Kind helfen möchten, denken Sie daran, dass Sie durch Ihr eigenes Verhalten das Verhalten Ihres Kindes beeinflussen. Sie sind ein Vorbild.

Wenn Sie als Eltern ein sehr behütendes oder übervorsichtiges Verhalten in Bezug auf Ihr Kind zeigen, ist es wahrscheinlich, dass Ihr Kind sich auch sehr vorsichtig verhält. Wenn Sie sich von Angst leiten lassen, wird Ihr Kind das wahrscheinlich auch tun. Deshalb ist es wichtig, Ihren eigenen Umgang mit der Krankheit zu reflektieren. Denn statt Angst können Sie Ihrem Kind auch vorleben, dass Asthma eine Krankheit ist, die man gut in den Griff kriegen kann. Sie können ihm vorleben, dass Ängste normal und wichtig sind, aber dass man sich manchmal auch über sie hinwegsetzen muss.

Vielleicht finden Sie aber auch, dass Ihr Kind nicht vorsichtig genug mit seiner Krankheit umgeht. Möglicherweise vergisst es ständig das Asthma-Spray zu Hause. Oder Ihr Kind hat keine Lust auf die Peak-Flow-Messung.

Asthma kann der Grund für viele Konflikte sein. Schnell kommt es dann zu Streit. Die Stimmung ist schlecht, auch wenn Sie das eigentlich gar nicht wollen. Loben Sie Ihr Kind ganz bewusst, wenn es etwas richtig macht, zum Beispiel, wenn es sich selbstständig daran erinnert, sein Spray morgens und abends zu inhalieren. Oft sprechen wir nur die Dinge an, die uns stören. Und wenn Ihr Kind zum Beispiel daran denkt, das Spray einzupacken, vergessen Sie vielleicht, ihm dafür Anerkennung zu geben. Dadurch hat Ihr Kind keine Motivation, das nächste Mal wieder selbst an das Spray zu denken.

Am Anfang kann es ungewohnt wirken, Ihr Kind immer wieder für Dinge zu loben, die Ihnen vielleicht selbstverständlich erscheinen. Aber Lob und Anerkennung sind ein viel größerer Anreiz als Vorwürfe. Deshalb kann es ängstlichen Kindern helfen, dass sie ganz bewusst dafür gelobt werden, wenn sie ihre Angst überwinden.

Hinweise zu den Adressen und Kontakten

Sie können die Adresse und Kontakte für diesen Titel kostenfrei über unsere Internetseite nach erfolgter Registrierung online abrufen.

Nutzen Sie dazu bitte den angegebenen Link und melden Sie sich nach den dort beschriebenen Schritten an. Sie können auf die Materialien über **Mein Konto** zugreifen, indem Sie unter **Meine Zusatzmaterialien** den Code eingeben. Sie werden dann automatisch in den Downloadbereich weitergeleitet.

Link: hgf.io/download

Code: B-NFGZCY

Wir empfehlen Ihnen, sich die Materialien auf Ihrem Rechner zu speichern, um sie jederzeit dauerhaft nutzen zu können.

Literatur

Pinquart, M. (Hrsg.). (2012). *Wenn Kinder und Jugendliche körperlich chronisch krank sind: Psychische und soziale Entwicklung, Prävention, Intervention. Berlin/Heidelberg: Springer.*

Schneider, S. & Margraf, J. (Hrsg.). (2019). *Lehrbuch der Verhaltenstherapie, Band 3. Psychologische Therapie bei Indikationen im Kindes- und Jugendalter (2. Aufl.). Berlin/Heidelberg: Springer.*

Nachwort der Herausgeberin des Bandes

Fine hat vor einem Fußballspiel ihr Asthma-Spray vergessen und erlebt einen Asthma-Anfall. Seitdem hat sie Angst, dass ein neuerlicher Asthma-Anfall sie bei ihrem geliebten Fußballspiel behindert. Bald aber wird ihre Angst vor dem nächsten Anfall so groß, dass sie lieber gar kein Fußball mehr spielt. Sie erfährt, dass ihre Angst sich verselbstständigt. Erst als sie sich überwindet, ihr Spray zu verwenden und auf den Fußballplatz zu gehen, löst sich der Teufelskreis aus Vermeidung und Angst- und Fine kann die Sommerferien wieder genießen. Im zweiten Teil des Buchs können anhand von Fines Geschichte Lösungen für verschiedene Aspekte der Erkrankung mit betroffenen Kindern zusammen erarbeitet werden. Ein besonderer Schwerpunkt liegt dabei auf der Therapieadhärenz und -motivation, die oft schwer nachzuvollziehen sind, bei einer Erkrankung, die anfallsweise auftritt und bei Kindern zwischen den Anfallen typischerweise gar keine Symptome macht. Ein weiterer Schwerpunkt liegt auf dem Thema „Angst", das für die betroffenen Kinder und Jugendlichen, vor allem aber auch für deren Eltern aufgrund des unvorhersehbaren Auftretens von Asthma-Anfällen eine besondere Rolle beim Umgang mit der Erkrankung spielt.

Asthma ist die häufigste chronische Erkrankung von Kindern und Jugendlichen in Deutschland. Ihr anfallsartiger Charakter und die Notwendigkeit einer regelmäßigen Therapie, die auch durchgeführt werden muss, wenn keine Symptome bestehen, stellen viele Familien vor eine große Herausforderung.

Insbesondere die Angst vor den Anfällen kann zu einer Belastung bei den Betroffenen und ihren Eltern führen, die möglicherweise auch von einer psychotherapeutischen Unterstützung profitieren.

Mit diesem Buch liegt eine kindgerechte Geschichte zum Thema „Asthma" vor, die mit den liebevollen und farbenfrohen Illustrationen die betroffenen Kinder einlädt, über ihren Umgang mit der Erkrankung und insbesondere die Ängste, die damit verbunden sein können, nachzudenken.

Betroffenen Kindern wird im Buch ein Weg aus einer Angstspirale aufgezeigt, der Mut macht, es Fine nachzumachen.
Ich wünsche allen Kindern, Eltern und anderen Interessierten viel Spaß beim Lesen!

PD Dr. Anna-Maria Dittrich

Hannover im Herbst 2021

Nachwort der Herausgeber*innen der Reihe Psychologische Kinderbüchern

Die Psychologischen Kinderbücher entstanden durch einen seltenen Glücksfall im Kontext von zwei Seminarveranstaltungen des Fachbereichs Psychologie an der Philipps-Universität Marburg (PUM) im Winter- und Sommersemester 2014/15:

Als Kooperationsprojekt entwickelten das Institut für Bildende Kunst und der Fachbereich Psychologie der PUM eine praktische Übung für illustrierte psychologische Kinderbücher.

Wir danken Prof. Tillmann Damrau und Dipl.-Des. Sabine Funk (beide heute Technische Universität Dortmund) für ihre Pionierarbeit am Institut für Bildende Kunst der PUM und die initiale Betreuung der ersten Bücher.

Die Studierenden der Bildenden Kunst hatten Entwürfe zu Kinderbüchern erstellt, die verschiedene psychologische Themen behandeln. Diese Entwürfe wurden von den Studierenden der Psychologie auf der Textebene bearbeitet, sodass psychoedukative Bilderbücher zu psychischen Störungen im Kindes- und Jugendalter entstanden sind, die den neusten Wissensstand zu den jeweiligen Störungen repräsentieren.

Seit dem Sommer 2017 gibt es die Psychologischen Kinderbücher nun als Reihe im Hogrefe Verlag. Die PUM würdigte dieses Projekt im selben Jahr mit einem Preis für besonders innovative Lehre. Dieser Preis sowie die Unterstützung durch den Hogrefe Verlag ermöglichen es, seit 2018 die renommierte Illustratorin Leonore Poth und seit 2019 die Schriftstellerinnen Claudia Gliemann und Kathrin Lange hinzuzuziehen, die das Projekt künstlerisch begleiten.

Für die Kinderbücher, die seit 2018 erschienen sind, haben wir uns für eine klare Aufgabenverteilung entschieden: Die Studierenden der Bildenden Kunst konzentrieren sich unter Anleitung von Leonore Poth ausschließlich auf die Illustration der Geschichten und die Gestaltung der Bücher, und die Studierenden der Psychologie auf die Geschichte und Inhalte, betreut durch Prof. Dr. Hanna Christiansen und unterstützt durch ein Herausgeberteam aus Expert*innen der Klinischen Kinder- und

Jugendpsychologie: Prof. Dr. Christina Schwenck (Universität Gießen), Prof. Dr. Tina In-Albon (Universität Koblenz-Landau) und Prof. Dr. Guy Bodenmann (Universität Zürich) sowie aktuell durch die Autorin Kathrin Lange.

Für die Neuerscheinungen 2021 konnten wir Herausgeber*innen mit spezifischer Expertise in diesen Bereichen gewinnen. Frau PD Dr. Anna-Maria Dittrich, Dr. Angelika Thon, Karl Kreh und Dr. Mira-Lynn Chavanon sei herzlich für ihr Engagement bei der fachlichen Betreuung gedankt.

Diese neuen Bücher behandeln Diabetes (*Milli und die Zuckerdrachen*), Asthma (*Ecke, Abseits und die Atemnot*), Neurodermitis (*Mission Schuppe*), Krebserkrankungen im Kindesalter (*Allein ist keine Farbe*) und Epilepsie (*Wackelkontakt*) und fokussieren die psychosozialen Belastungen durch chronisch körperliche Erkrankungen bei Kindern und geben Kindern und Eltern Tipps zum Umgang damit. Wir freuen uns besonders, dass aus dem universitären Seminaralltag und dem akademischen „Elfenbeinturm" eine so gelungene Buchreihe für kleine Leser*innen und hilfreiche Publikationen für Therapeut*innen und Eltern hervorgeht, und wünschen dieser Reihe viele begeisterte Leser*innen und Nutzer*innen. Die Reaktionen auf die bisherigen Bücher waren überwältigend positiv, worüber wir uns sehr freuen.

Wir sind uns sicher, dass wir mit den neu hinzukommenden Büchern an diesen Erfolg anknüpfen können. Die bisherigen Rückmeldungen von Leser*innen und Fachleuten aus der Praxis konnten die Qualität der Bücher weiter steigern und trugen dazu bei, die Reihe erfolgreich auf dem Kinderbuchmarkt zu etablieren.

Prof. Dr. Hanna Christiansen, Prof. Klaus Lomnitzer, Dr. Mira-Lynn Chavanon und Karl Kreh (Marburg), Prof. Dr. Tina In-Albon (Landau), Prof. Dr. Christina Schwenck (Gießen), Prof. Dr. Guy Bodenmann (Zürich), PD Dr. Anna-Maria Dittrich und Dr. Angelika Thon (Hannover)

September 2021

Nachwort – Aus künstlerischer Sicht

Die Psychologischen Kinderbücher sind inzwischen zu einem festen Bestandteil des Curriculums an beiden Fachbereichen geworden. Für Studierende sind sie attraktiv, weil sie zum einen ernste Themen fachlich aufbereiten und dies nicht allein auf wissenschaftlichem, sondern auch auf künstlerischem Weg vermitteln. Zum anderen ist es eine große Herausforderung und Chance, dem hohen Anspruch gerecht zu werden und die Bücher tatsächlich publizieren zu können. Bis eine Geschichte entwickelt und aufs Wesentliche reduziert und kindgerecht formuliert ist, ist viel zu tun. Daher ist die kompetente künstlerische Betreuung auf Bild- und Textebene ein notwendiges Tandem. Für die Studierenden sind die Textarbeit, die Entwicklung der Illustrationen und insbesondere die intensive Auseinandersetzung mit professionellen Gestaltungsprogrammen reizvolle, aber permanent blinkende Großbaustellen in ihren eng getakteten Stundenplänen.

Mittlerweile ist nach einigen erfahrungsreichen Jahren ein optimierter Ablauf entwickelt worden, dessen Einhaltung angesichts der außergewöhnlichen Anforderungen, die mit der Corona-Krise verbunden sind, ehrgeizig geblieben ist.

Dass ein derartiges Kinderbuchprojekt sowohl Disziplin als auch eine hohe Motivation voraussetzt, wird gelegentlich erst während des langen Arbeitsprozesses wirklich deutlich. Ohne das außerordentliche und leidenschaftliche Engagement der Studierenden wären zielführende Arbeitsprozesse an jedem einzelnen Buchprojekt undenkbar. Die Kunststudierenden müssen zu den kompakten Geschichten, die von den Psychologie-Studierenden kreiert werden, sensibel passende Bilder entwickeln und diese darüber hinaus mit dem Text verbinden und bis zur Publikationsreife gestalten und dabei oft neue, digitale Techniken einüben und schließlich kompetent anwenden.

Für die gelungene Umsetzung der vorgegebenen Themen in anspruchsvolle, aber auch unterhaltsame und kindgerechte Bücher danken wir den beteiligten Studierenden.

Wir hoffen sehr, dass auch die neuen Bücher ihre helfende Wirkung auf Kinder und Eltern entfalten werden, und wünschen den einzelnen Büchern wie der gesamten Reihe viel Erfolg!

Kathrin Lange
Autorin, Lehrbeauftragte am FB 04 Psychologie
Philipps-Universität Marburg

Leonore Poth
Künstlerin, Lehrbeauftragte für Kinderbuchgestaltung am
Institut für Bildende Kunst

Klaus Lomnitzer
Professor für Grafik und Malerei,
Geschäftsführender Direktor des Instituts für Bildende Kunst
FB 09 Germanistik und Kunstwissenschaften
Philipps-Universität Marburg

Die Autorinnen

Die drei Autorinnen haben ihr Psychologiestudium 2016 an der Philipps-Universität Marburg begonnen und sich besonders mit klinischer Kinder- und Jugendpsychologie beschäftigt. Sie wünschen sich, mit diesem Buch Kindern wie Fine Mut machen zu können, ihren eigenen Weg im Umgang mit ihrer Asthma-Erkrankung zu finden.

Khaula Ayaz

wurde 1996 in Bergisch Gladbach geboren. In ihrer Kindheit traf sie sich wie Fine gerne und häufig mit ihren Freundinnen auf einer großen Wiese, die viel Platz zum Laufen und Spielen bot.

Tara Helene Röder

wurde 1995 in Dresden geboren.
Ein Wollknäul im Kopf hatte sie eigentlich schon immer, zum Glück bestand dieses nur manchmal aus Angst und meistens aus nicht abreißen wollenden Ideen für Bilder und Geschichten. Wenn sie sich einmal zu sehr in diesen Fäden verheddert, schnappt sie sich am liebsten ihre Fußballschuhe und spielt eine Runde mit ihren Freund*innen, vorzugsweise auf einer sonnigen Wiese.

Anna Wachter

wurde 1997 in Buchen geboren. Als Kind hatte sie auch oft ein nerviges Angstknäuel im Bauch. Zum Glück halfen ihr Bücher wie das über Fine, sich trotzdem zu trauen. Heute ist das Knäuel viel kleiner, und es hindert Anna nicht mehr daran, Neues zu lernen, Geschichten zu schreiben oder Fußball zu spielen.

Die Illustratorin

Saeideh Keshavarz

wurde im Iran geboren und studierte dort Grafikdesign, bevor sie nach Deutschland umzog. Vor einigen Jahren entdeckte sie die Illustration als ihre Leidenschaft und als ihre Art der Kommunikation.

Bibliografische Information der Deutschen Nationalbibliothek
Die Deutsche Nationalbibliothek verzeichnet diese Publikation in der Deutschen Nationalbibliografie; detaillierte bibliografische Daten sind im Internet über http://www.dnb.de abrufbar.

Anregungen und Zuschriften bitte an:
Hogrefe AG
Lektorat Psychologie
Länggass-Strasse 76
3012 Bern
Schweiz
Tel. +41 31 300 45 00
info@hogrefe.ch
www.hogrefe.ch

Lektorat: Dr. Susanne Lauri
Herstellung: Daniel Berger
Druck und buchbinderische Verarbeitung: Finidr s.r.o., Český Těšín
Printed in Czech Republic

1. Auflage 2021

(E-Book-ISBN_PDF 978-3-456-96187-3)
ISBN 978-3-456-86187-6
http://doi.org/10.1024/86187-000

Weitere Titel der Reihe

Abdalli / Rzany / Hildebrandt / Neudert: Mission Schuppe – Eine kleine Geschichte über das Leben mit Neurodermitis
2021, ISBN 978-3-456-86181-4

Bartling / Buchner / Bendel / Grote / Kresse / Koy: Alles anders bei Familie Biber – Eine Geschichte für Kinder, deren Eltern von Arbeitslosigkeit betroffen sind
2019, ISBN 978-3-456-86019-0

Maleki / Beham / Böning / Korfmacher / Stracke / Wangenheim: Dunkle Farben im Wunderwald – Ein Buch für Kinder, deren Eltern psychisch krank sind
2019, ISBN 978-3-456-86020-6

Maleki / Hartog den / Maiworm / Wüstefeld: Allein ist keine Farbe – Gemeinsam durch die Chemotherapie
2021, ISBN 978-3-456-86173-9

Meister / Hamacher / Weingarten: Paul und der rote Luftballon – Ein Buch für Kinder, die mutig werden und neue Freunde finden
2018, ISBN 978-3-456-85909-5

Michel / Buschkamp / Drerup / Schramm: Die kleine Eule Luna und wie sie lernte, mit ihrer Trennungsangst umzugehen
2018, ISBN 978-3-456-85896-8

Schaaf / Andersen / Roth / Salzmann: In Gedanken ein Fuchs – Ein Buch für sozial ängstliche Kinder, die selber kleine Füchse sind
2018, ISBN 978-3-456-85899-9

Schaaf / Frerich / Hauck / Klein-Reesink / Zahn: Hörst du die Elefanten brüllen? – Ein Buch für Kinder, deren Eltern sich immer wieder mal streiten
2019, ISBN 978-3-456-86021-3

Schaaf / Eitenmüller / Schultz / Stefcheva: Karli, der kribbelige Kugelfisch – Eine Geschichte für ausgeprägte Trotzköpfe
2020, ISBN 978-3-456-86106-7

Spence / Kiefer / Habermann: Milli und die Zuckerdrachen – Wie Kinder lernen, mit Diabetes umzugehen
2021, ISBN 978-3-456-86179-1

Strack / Lin / Schlegl: Wackelkontakt – Epilepsie bei Kindern leicht erklärt
2021, ISBN 978-3-456-86197-5

Tusheva / Battisti / Mohme / Roth: Kein Samstag ohne rote Grütze – Eine Geschichte von unsichtbaren Verletzungen
2020, ISBN 978-3-456-86090-9

Weißflog / Köcher / Ladkani/ Ngono / Stöhr: Zwei Zimmer für Cleo – Wenn Eltern sich trennen und wie es danach weitergeht
2019, ISBN 978-3-456-86022-0

Weißflog / Ortmüller / Wende: Opas Stern – Ein Trost- und Erklärbuch für Kinder und ihre Eltern
2018, ISBN 978-3-456-85906-4

Weißflog / Dahm / Mews / Warczok: Zum Kuckuck mit den Regeln – Wie Kimi lernte, mit der Wut umzugehen
2020, ISBN 978-3-456-86091-6

Zais / Michalak / Rumpf / Schulte: Zappel-Zirkus Zacharias – Ein Buch für zappelige Zirkuskinder mit ADHS, ihre Zirkusfamilien, Freunde und Zirkusdompteure
2018, ISBN 978-3-456-85918-7

Themen in Vorbereitung

Sexualisierte Gewalt
Körperliche Gewalt
Emotionale Gewalt
Vernachlässigung
Adipositas